Impressum
Verlag: BABADADA GmbH, Nedderfeld 112 , 22529 Hamburg
Geschäftsführer / Verlagsleitung: Harald Hof
Druck: Books on Demand GmbH, In de Tarpen 42, 22848 Norderstedt

Imprint
Publisher: BABADADA GmbH, Nedderfeld 112 , 22529 Hamburg, Germany
Managing Director / Publishing direction: Harald Hof
Print: Books on Demand GmbH, In de Tarpen 42, 22848 Norderstedt

# xue xiao

# l'école

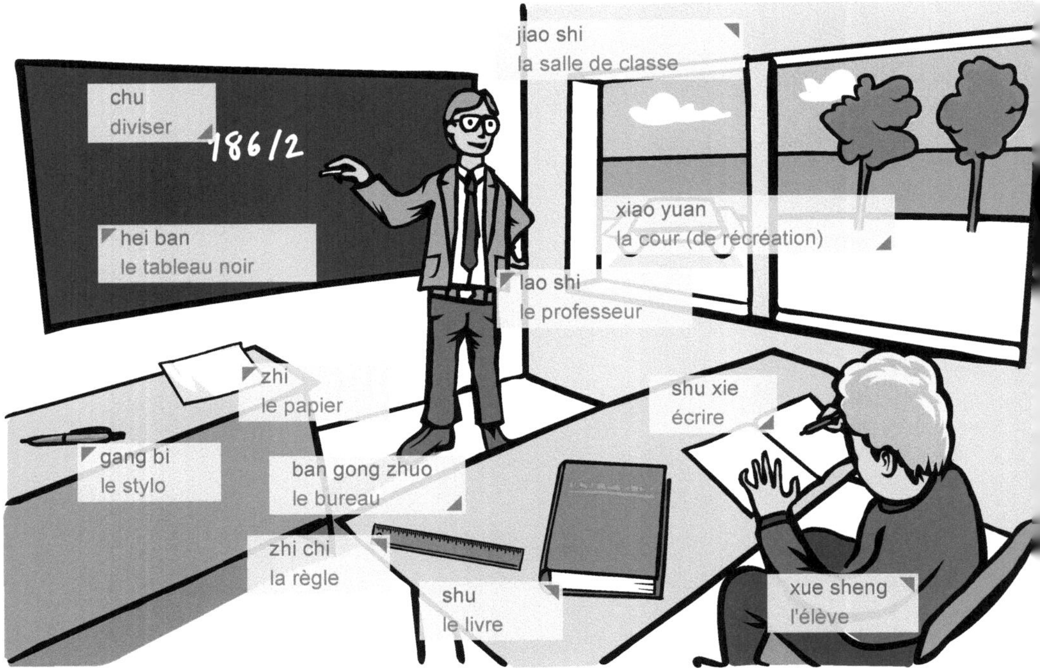
jiao shi
la salle de classe
chu
diviser
186/2
hei ban
le tableau noir
xiao yuan
la cour (de récréation)
lao shi
le professeur
zhi
le papier
shu xie
écrire
gang bi
le stylo
ban gong zhuo
le bureau
zhi chi
la règle
shu
le livre
xue sheng
l'élève

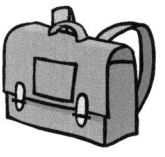

shu bao

le cartable

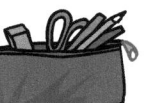

qian bi he

la trousse

qian bi

le crayon

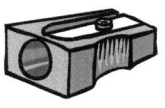

juan bi dao

le taille-crayon

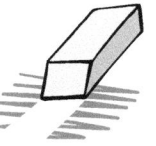

xiang pi ca

la gomme

hua ban

le carnet à dessin

tu hua

le dessin

hua bi

le pinceau

yan liao he

la boîte de peinture

jian dao

les ciseaux

jiao shui

la colle

lian xi ce

le cahier d'exercices

jia ting zuo ye

les devoirs

shu zi

le chiffre

jia

additionner

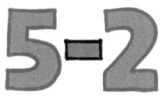

jian

soustraire

cheng

multiplier

ji suan

calculer

zi mu

la lettre

zi mu biao

l'alphabet

zi

le mot

ke wen

le texte

du

lire

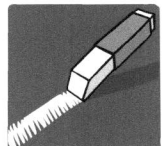

fen bi

la craie

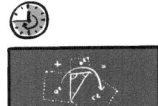

shang ke

la leçon

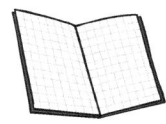

deng ji

le livre de classe

kao shi

l'examen

zheng shu

le certificat

xiao fu

l'uniforme scolaire

jiao yu

la formation

bai ke quan shu

le lexique

da xue

l'université

xian wei jing

le microscope

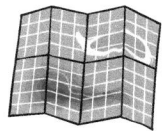

di tu

la carte

fei zhi kuang

la corbeille à papier

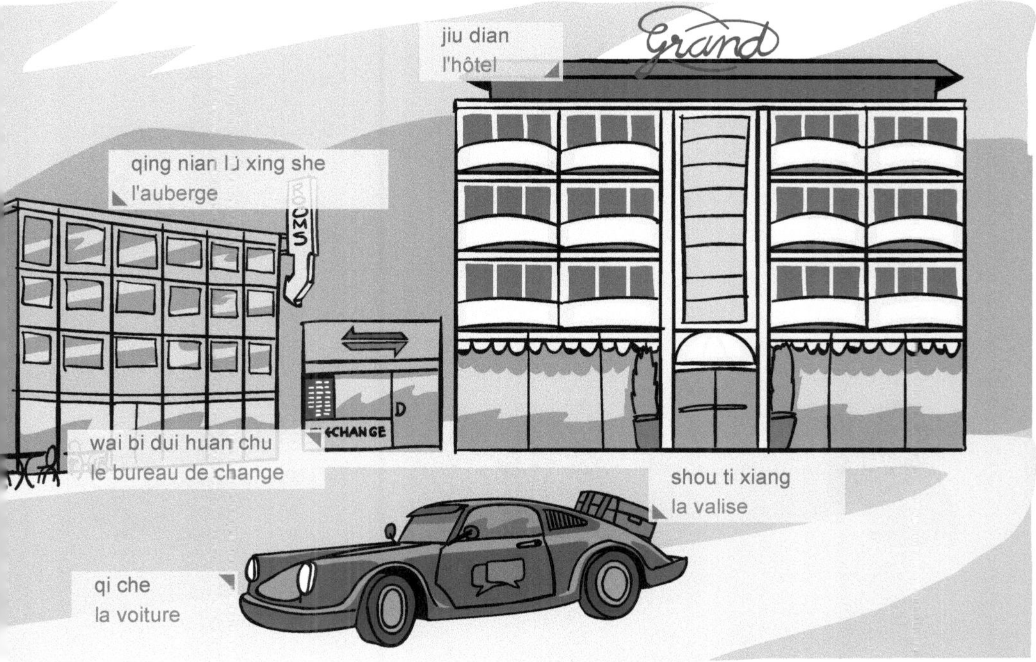
jiu dian
l'hôtel
Grand
qing nian lü xing she
l'auberge
ROOMS
EXCHANGE
wai bi dui huan chu
le bureau de change
shou ti xiang
la valise
qi che
la voiture

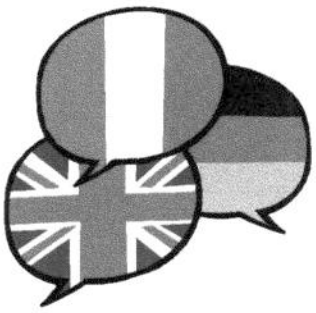

yu yan

la langue

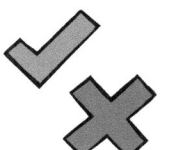

shi/fou

oui / non

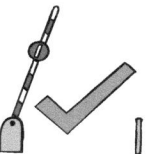

hao de

d'accord

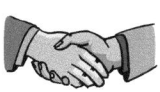

nin hao

Salut

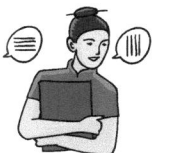

fan yi yuan

l'interprète

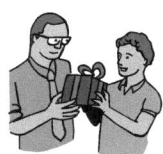

xie xie

merci

......duo shao qian?

Combien coûte...?

wo bu ming bai

Je ne comprends pas

wen ti

le problème

wan shang hao!

Bonsoir !

zao shang hao!

Bonjour !

wan an!

Bonne nuit !

zai jian

Au revoir

fang xiang

la direction

xing li

les bagages

bao

le sac

shuang jian bao

le sac-à-dos

ke ren

l'hôte

fang jian

la pièce

shui dai

le sac de couchage

zhang peng

la tente

lü xing - le voyage

lü you xin xi

l'office de tourisme

hai tan

la plage

xin yong ka

la carte de crédit

zao can

le petit-déjeuner

wu can

le déjeuner

wan can

le dîner

piao

le billet

dian ti

l'ascenseur

you piao

le timbre

bian jie

la frontière

hai guan

la douane

da shi guan

l'ambassade

qian zheng

le visa

hu zhao

le passeport

# jiao tong yun shu

## le transport

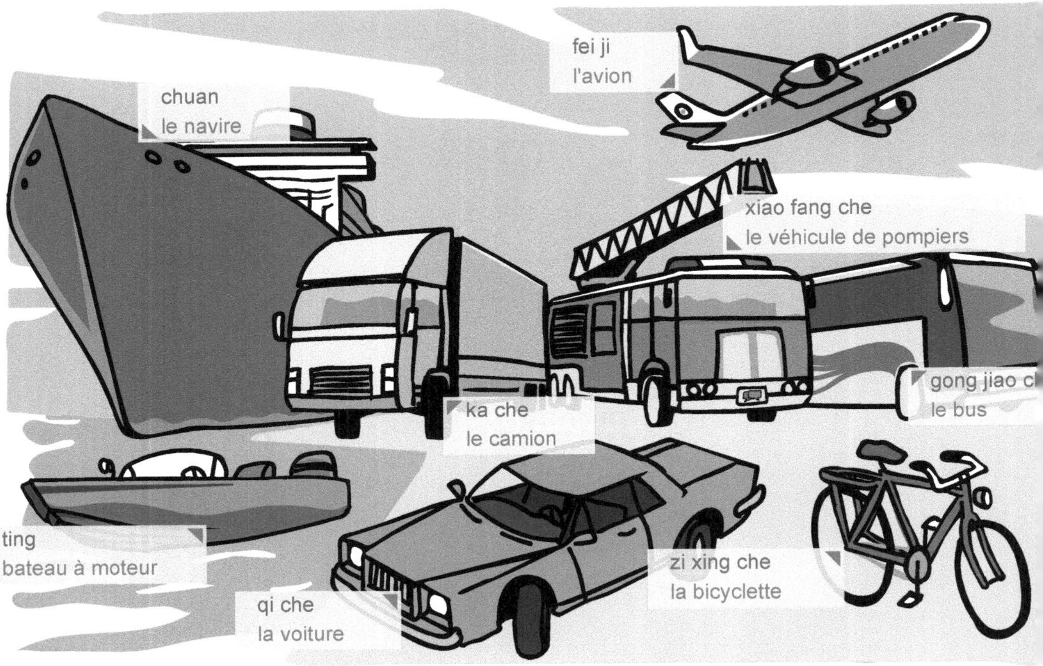
fei ji
l'avion
chuan
le navire
xiao fang che
le véhicule de pompiers
gong jiao c
le bus
ka che
le camion
ting
bateau à moteur
zi xing che
la bicyclette
qi che
la voiture

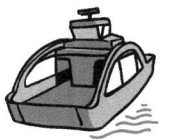

bai du chuan

le ferry

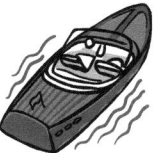

xiao chuan

la barque

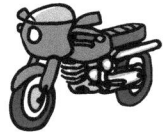

mo tuo che

la moto

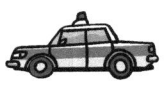

jing che

la voiture de police

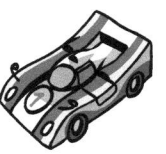

sai che

la voiture de course

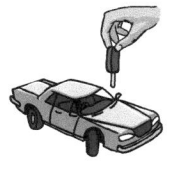

zu che

la voiture de location

pin che

l'auto-partage

tuo che

la voiture de remorquage

la ji che

la benne à ordures

fa dong ji

le moteur

qi you

l'essence

jia you zhan

la station d'essence

jiao tong biao zhi

le panneau indicateur

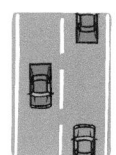

jiao tong

le trafic

jiao tong du sai

l'embouteillage

ting che chang

le parking

huo che zhan

la gare

gui dao

les rails

huo che

le train

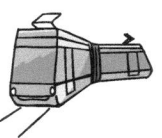

dian che

le tramway

huo che

le wagon

zhi sheng ji

l'hélicoptère

ji chang

l'aéroport

ta

la tour

cheng ke

le passager

ji zhuang xiang

le conteneur

zhi ban xiang

le carton

shou tui che

le chariot

lan zi

la corbeille

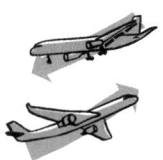

qi fei/jiang luo

décoller / atterrir

## cheng shi

## la ville

cun zhuang

le village

shi zhong xin

le centre-ville

fang zi

la maison

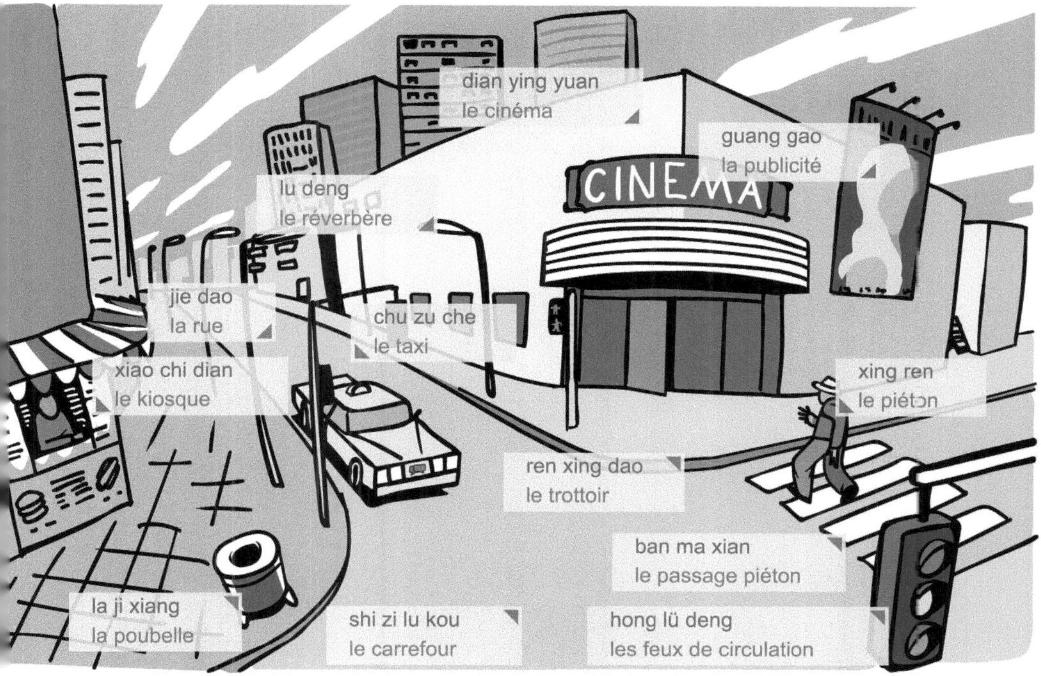

dian ying yuan
le cinéma

guang gao
la publicité

lu deng
le réverbère

CINEMA

jie dao
la rue

chu zu che
le taxi

xing ren
le piéton

xiao chi dian
le kiosque

ren xing dao
le trottoir

ban ma xian
le passage piéton

la ji xiang
la poubelle

shi zi lu kou
le carrefour

hong lü deng
les feux de circulation

xiao wu

la cabane

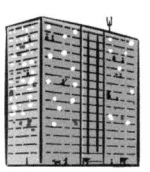

gong yu

l'appartement

huo che zhan

la gare

shi zheng ting

la mairie

bo wu guan

le musée

xue xiao

l'école

da xue

l'université

yin hang

la banque

yi yuan

l'hôpital

jiu dian

l'hôtel

yao fang

la pharmacie

ban gong shi

le bureau

shu dian

la librairie

shang dian

le magasin

hua dian

le fleuriste

chao shi

le supermarché

shi chang

le marché

bai huo shang dian

le grand magasin

yu dian

la poissonnerie

gou wu zhong xin

le centre commercial

hai gang

le port

gong yuan

le parc

chang deng

la banque

qiao

le pont

lou ti

les escaliers

di tie

le métro

sui dao

le tunnel

gong jiao che zhan

l'arrêt de bus

jiu ba

le bar

can guan

le restaurant

you tong

la boîte à lettres

lu biao

le panneau indicateur

ting che ji shi qi

le parcmètre

dong wu yuan

le zoo

you yong guan

le réverbère

qing zhen si

la mosquée

nong chang
la ferme

wu ran
la pollution

mu di
la cimetière

jiao tang
l'église

cao chang
l'aire de jeux

si miao
le temple

## di xing
## le paysage

shu ye
la feuille

zhi shi pai
le panneau indicateur

lu
le chemin

cao di
le pré

shi tou
la pierre

shu
l'arbre

tu bu lü xing zhe
le randonneur

he
la rivière

cao
l'herbe

hua
la fleur

xia gu

la vallée

shan

la montagne

hu

le lac

sen lin

la forêt

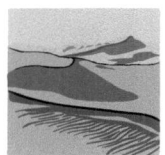

sha mo

le désert

huo shan

le volcan

cheng bao

le château

cai hong

l'arc-en-ciel

mo gu

le champignon

zong lü shu

le palmier

wen zi

le moustique

cang ying

la mouche

ma yi

les fourmis

mi feng

l'abeille

zhi zhu

l'araignée

jia chong

le coléoptère

qing wa

la grenouille

song shu

l'écureuil

ci wei

le hérisson

ye tu

le lièvre

mao tou ying

la chouette

niao

l'oiseau

tian e

le cygne

ye zhu

le sanglier

lu

le cerf

mi lu

l'élan

shui ba

le barrage

feng li fa dian ji

l'éolienne

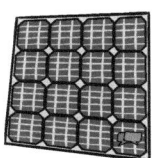

tai yang neng dian chi ban

le panneau solaire

qi hou

le climat

# can guan
## le restaurant

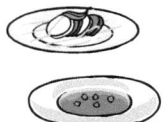

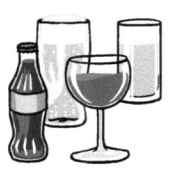

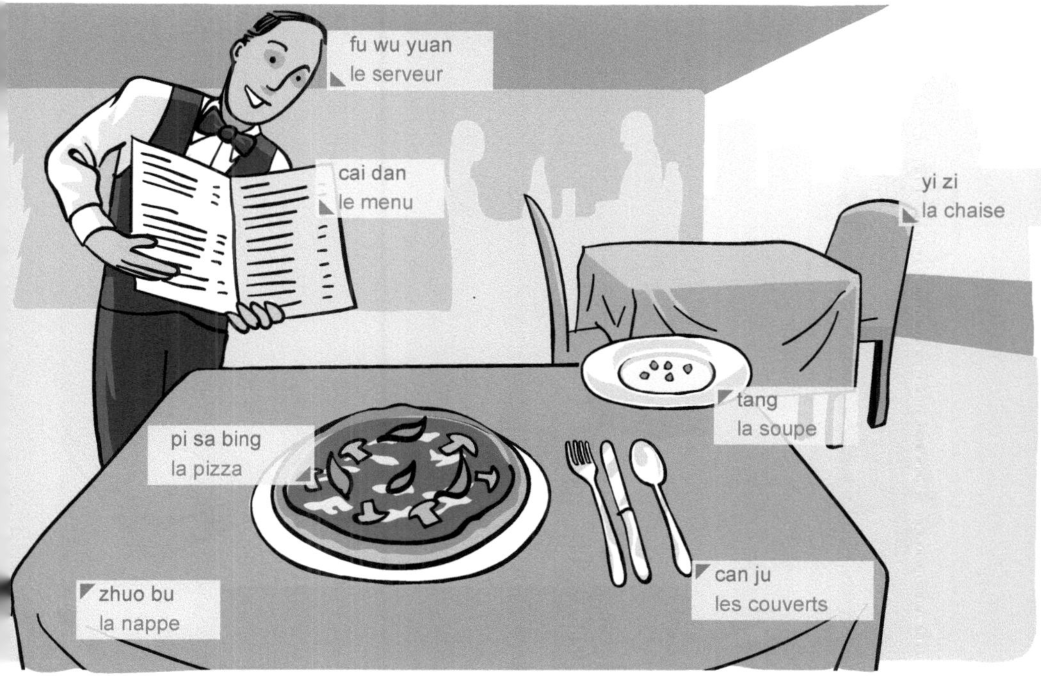
fu wu yuan
le serveur
cai dan
le menu
yi zi
la chaise
tang
la soupe
pi sa bing
la pizza
can ju
les couverts
zhuo bu
la nappe

qian cai

les hors d'œuvre

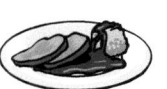

zhu cai

le plat principal

tian dian

le dessert

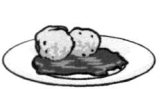

yin liao

les boissons

shi wu

l'alimentation

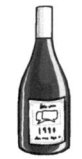

ping zi

la bouteille

kuai can

le fast-food

jie bian xiao chi

les plats à emporter

cha hu

la théière

tang he

le sucrier

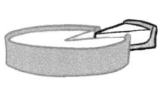

yi fen fan cai

la portion

yi shi ka fei ji

la machine à expresso

gao jiao yi

la chaise haute

zhang dan

la facture

tuo pan

le plateau

dao

le couteau

can cha

la fourchette

shao zi

la cuillère

cha chi

la cuillère à thé

can jin

la serviette

bo li bei

le verre

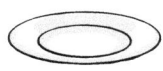

die zi

l'assiette

tang pan

l'assiette à soupe

die zi

la soucoupe

jiang

la sauce

yan ping

la salière

hu jiao mo

le moulin à poivre

cu

le vinaigre

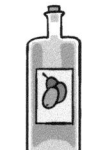

shi yong you

l'huile

tiao wei liao

les épices

fan qie jiang

le ketchup

jie mo

la moutarde

dan huang jiang

la mayonnaise

# chao shi

## le supermarché

te jia
l'offre promotionnelle
FOR
gu ke
le client
ru zhi pin
les produits laitiers
shui guo
les fruits
gou wu che
le chariot

BUTCHERS

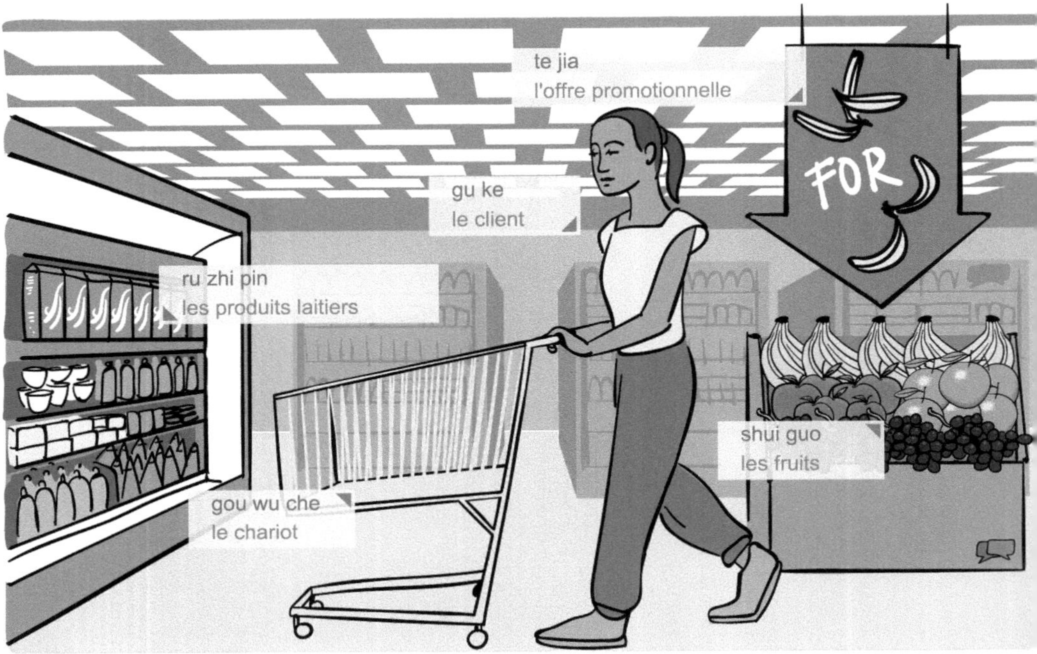

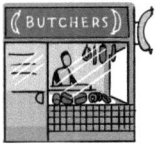

rou pu

la boucherie

BAKERY

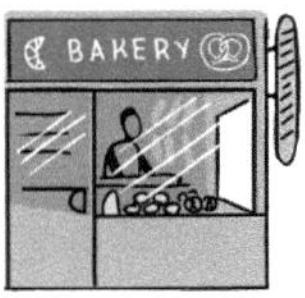

mian bao fang

la boulangerie

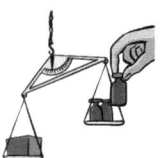

cheng zhong

peser

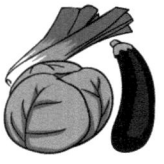

shu cai

les légumes

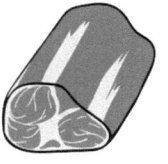

rou

la viande

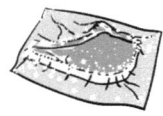

leng dong shi pin

les aliments surgelés

leng pan

la charcuterie

guan tou shi pin

les conserves

xi yi fen

la poudre à lessive

tian shi

les bonbons

ri yong pin

les articles ménagers

qing jie yong pin

les détergents

xiao shou yuan

la vendeuse

shou yin ji

la caisse

shou yin yuan

le caissier

gou wu qing dan

la liste d'achats

kai fang shi jian

les heures d'ouverture

qian bao

le portefeuille

xin yong ka

la carte de crédit

dai zi

le sac

su liao dai

le sac en plastique

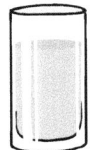

shui

l'eau

guo zhi

le jus de fruit

niu nai

le lait

ke le

le coca

hong jiu

le vin

pi jiu

la bière

jiu

l'alcool

ke ke

le chocolat chaud

cha

le thé

ka fei

le café

yi shi nong suo ka fei

l'expresso

ka bu qi nuo

le cappuccino

xiang jiao

la banane

ping guo

la pomme

cheng zi

l'orange

xi gua

le melon

ning meng

le citron.

hu luo bo

la carotte

da suan

l'ail

zhu zi

le bambou

yang cong

l'oignon

mo gu

le champignon

jian guo

les noisettes

mian tiao

les pâtes

yi da li mian tiao

les spaghetti

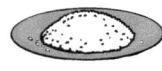

mi fan

le riz

sha la

la salade

shu tiao

les pommes frites

zha tu dou

les pommes de terre rôties

pi sa bing

la pizza

han bao bao

le hamburger

san ming zhi

le sandwich

zha zhu pai

l'escalope

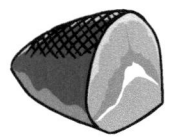

huo tui

le jambon

sa la mi

le salami

xiang chang

la saucisse

ji rou

le poulet

kao rou

le rôti

yu

le poisson

yan mai pian

les flocons d'avoine

mu zi li

le muesli

yu mi pian

les cornflakes

mian fen

la farine

yang jiao mian bao

le croissant

mian bao juan

les petits-pains

mian bao

le pain

kao mian bao

le pain grillé

bing gan

les biscuits

huang you

le beurre

ning ru

le fromage blanc

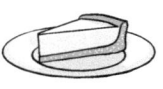

dan gao

le gâteau

dan

l'œuf

jian dan

l'œuf au plat

nai lao

le fromage

bing ji lin

la glace

tang

le sucre

feng mi

le miel

guo jiang

la confiture

qiao ke li jiang

la crème nougat

ga li fan

le curry

# nong chang
## la ferme

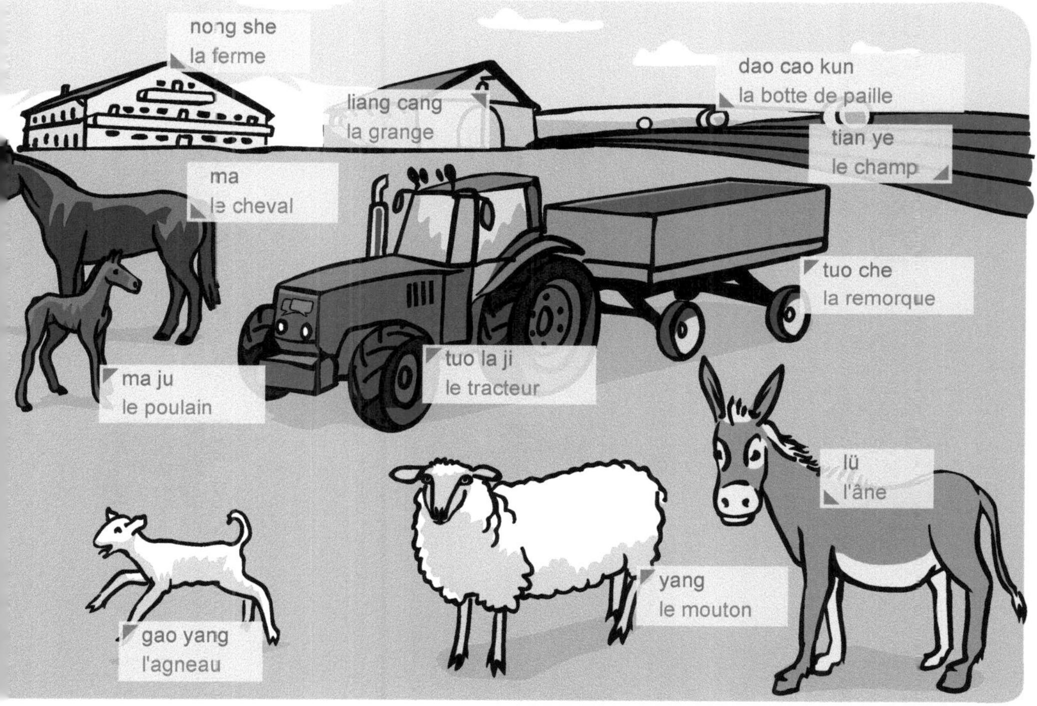

nong she
la ferme
liang cang
la grange
dao cao kun
la botte de paille
tian ye
le champ
ma
le cheval
tuo che
la remorque
tuo la ji
le tracteur
ma ju
le poulain
lü
l'âne
yang
le mouton
gao yang
l'agneau


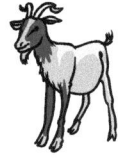

shan yang

la chèvre

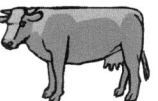

nai niu

la vache

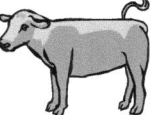

niu du

le veau

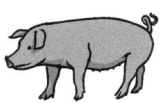

zhu

le porc

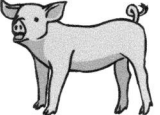

xiao zhu

le porcelet

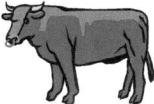

gong niu

le taureau

e

l'oie

ya

le canard

xiao ji

le poussin

mu ji

la poule

gong ji

le coq

shu

le rat

mao

le chat

lao shu

la souris

niu

le bœuf

gou

le chien

gou wu

le chenil

hua yuan jiao shui ruan guan

le tuyau de jardin

sa shui hu

l'arrosoir

chang bing da lian dao

la faucheuse

li

la charrue

lian dao

la faucille

chu tou

la pioche

chang bing cao pa

la fourche

fu tou

la hache

du lun shou tui che

la brouette

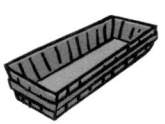

si liao cao

la cuve

niu nai guan

le pot à lait

ma bu dai

le sac

zha lan

la clôture

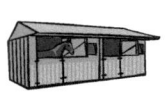

ma jiu

l'étable

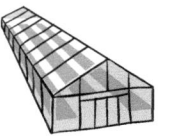

wen shi

le serre

tu rang

le sol

zhong zi

les semences

fei liao

l'engrais

lian he shou ge ji

la moissonneuse-batteuse

shou ge

récolter

shou ge

la récolte

shan yao

l'igname

xiao mai

le blé

da dou

le soja

tu dou

la pomme de terre

yu mi

le maïs

you cai zi

le colza

guo shu

l'arbre fruitier

shu shu

le manioc

gu wu

les céréales

# fang zi
# la maison

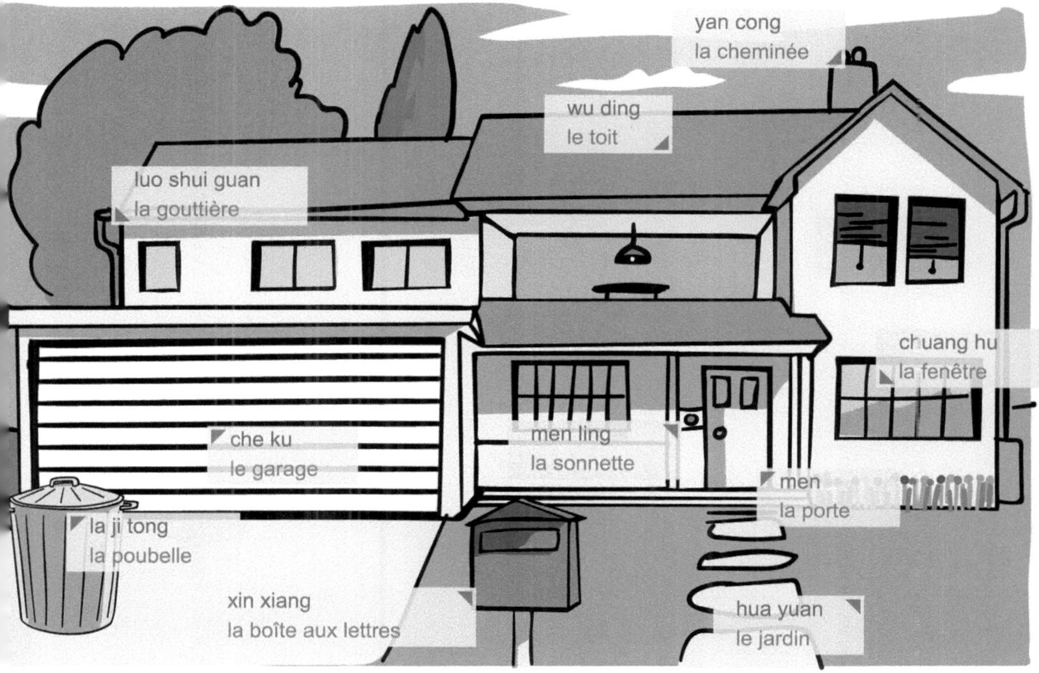

yan cong
la cheminée
wu ding
le toit
luo shui guan
la gouttière
chuang hu
la fenêtre
che ku
le garage
men ling
la sonnette
men
la porte
la ji tong
la poubelle
xin xiang
la boîte aux lettres
hua yuan
le jardin


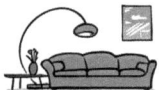

ke ting

le salon

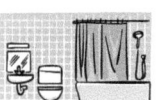

yu shi

la salle de bain

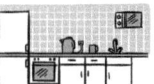

chu fang

la cuisine

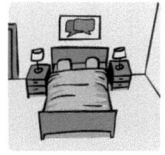

wo shi

la chambre à coucher

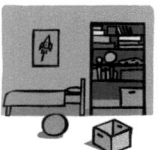

er tong fang

la chambre d'enfant

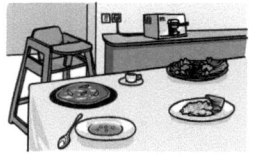

can ting

la salle à manger

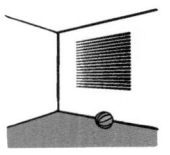

di ban

le sol

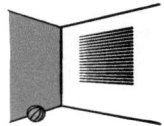

qiang bi

le mur

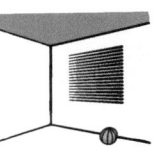

diao ding

le plafond

di jiao

la cave

sang na

le sauna

yang tai

le balcon

lu tai

la terrasse

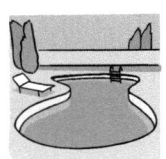

you yong chi

la piscine

ge cao ji

la tondeuse à gazon

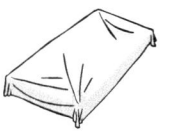

bei dan

la housse

chuang zhao

la couette

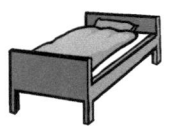

chuang

le lit

sao zhou

le balai

shui tong

le sceau

kai guan

l'interrupteur

# ke ting
# le salon

bi zhi
le papier peint
zhao pian
l'image
tai deng
la lampe
ge jia
l'étagère
chu gui
l'armoire
dian shi ji
la télé
bi lu
la cheminée
hua
la fleur
dian zi
le coussin
sha fa
le sofa
hua ping
le vase
yao kong qi
la télécommande

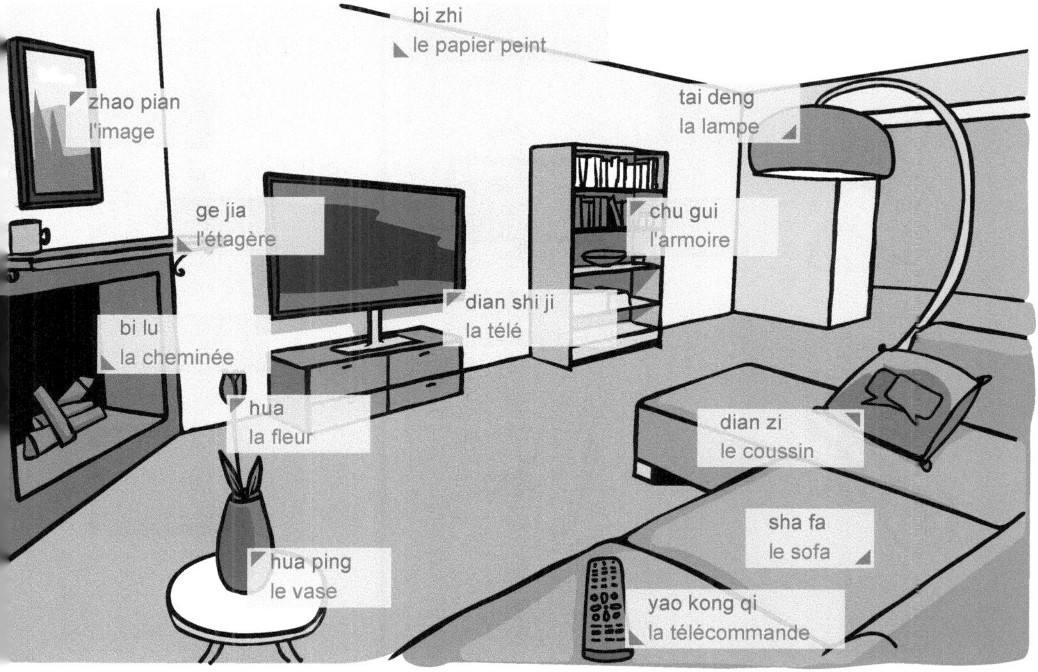

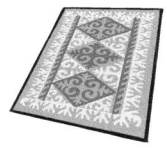

di tan

le tapis

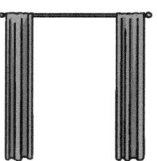

chuang lian

le rideau

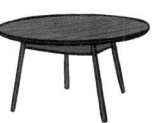

can zhuo

la table

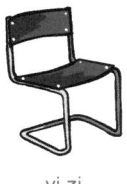

yi zi

la chaise

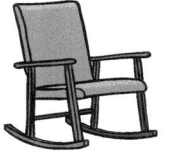

yao yi

la chaise à bascule

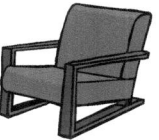

fu shou yi

le fauteuil

shu

le livre

tan zi

la couverture

zhuang shi pin

la décoration

mu chai

le bois de chauffage

dian ying

le film

gao bao zhen yin xiang

la chaîne hi-fi

yao shi

la clé

bao zhi

le journal

you hua

la peinture

hai bao

le poster

shou yin ji

la radio

bi ji ben

le bloc-notes

xi chen qi

l'aspirateur

xian ren zhang

le cactus

la zhu

la bougie

# chu fang
# la cuisine

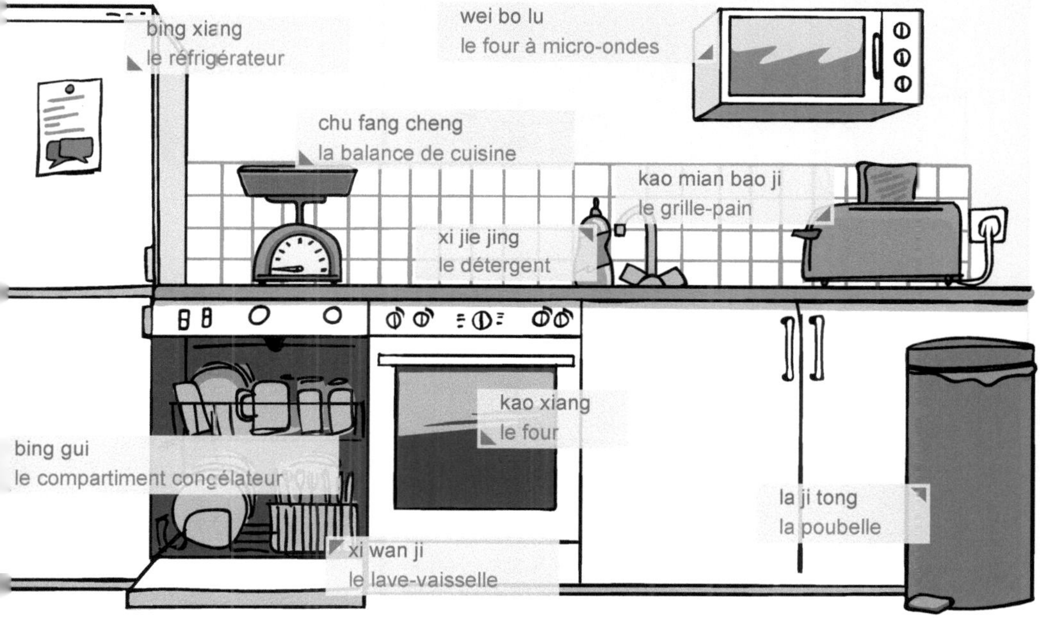
bing xiang
le réfrigérateur
wei bo lu
le four à micro-ondes
chu fang cheng
la balance de cuisine
kao mian bao ji
le grille-pain
xi jie jing
le détergent
kao xiang
le four
bing gui
le compartiment congélateur
la ji tong
la poubelle
xi wan ji
le lave-vaisselle

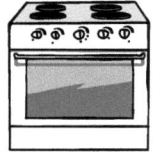

chui ju

le four

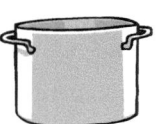

guo

la casserole

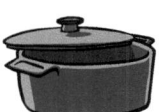

zhu tie guo

la marmite

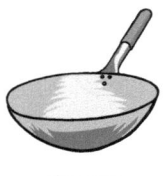

sha guo

le wok / kadai

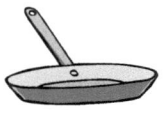

ping di guo

la poêle

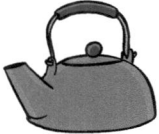

shui hu

la bouilloire electrique

zheng guo

le cuiseur vapeur

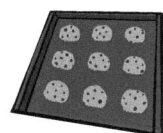

kao pan

la plaque de cuisson

tao ci guo

la vaisselle

ma ke bei

le gobelet

wan

la coupe

kuai zi

les baguettes

chang bing shao

la louche

chan zi

la spatule

jiao ban qi

le fouet

lü wang

la passoire

shai zi

le tamis

mo sui ji

la râpe

yan bo

le mortier

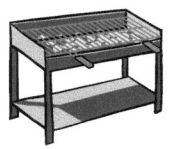

shao kao

le barbecue

ming huo

la cheminée

cai ban

la planche à découper

gan mian zhang

le rouleau à pâtisserie

kai ping qi

le tire-bouchon

guan zi

la boîte

kai ping qi

l'ouvre-boîte

ge re shou tao

les maniques

shui cao

le lavabo

shua zi

la brosse

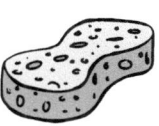

hai mian

l'éponge

jiao ban ji

le mixeur

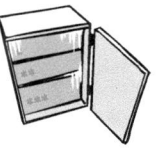

leng cang xiang

le congélateur

nai ping

le biberon

shui long tou

le robinet

# yu shi

# la salle de bain

gong nuan she bei
le chauffage
mao jin
la serviette
lin yu
la douche
yu lian
le rideau de douche
pao mo yu
le bain moussant
yu gang
la baignoire
bo li bei
le verre
xi yi ji
la machine à laver
shui long tou
le robinet
ci zhuan
le carrelage
bian hu
le pot
shui cao
le lavabo


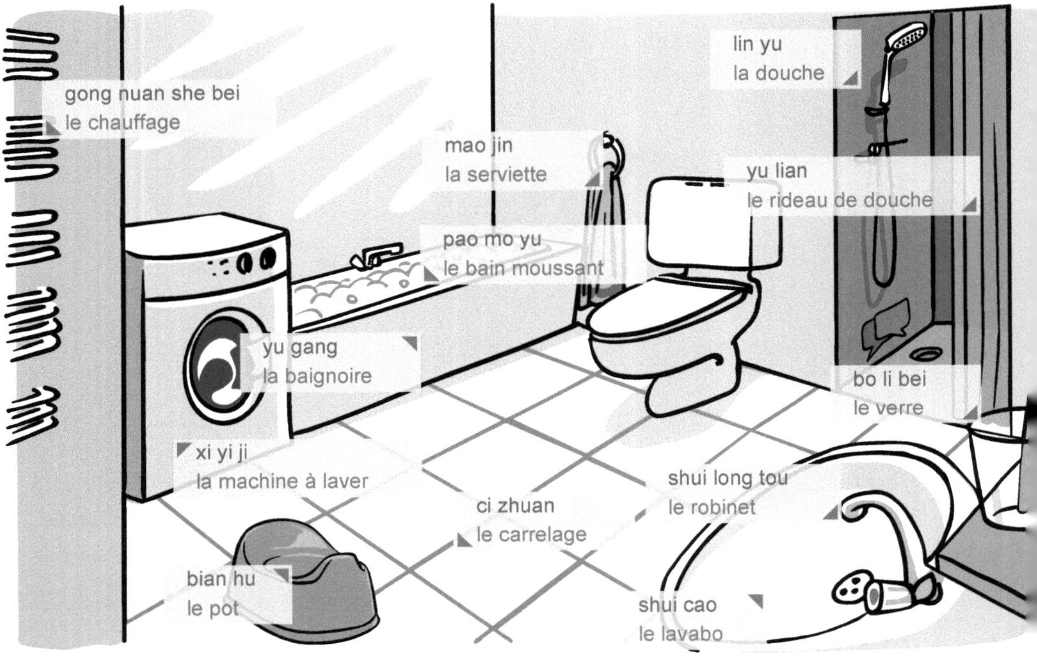

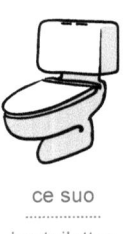

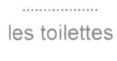

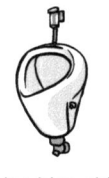

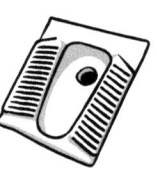

ce suo

les toilettes

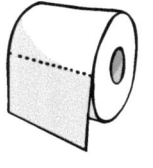

dun bian qi

la toilette à la turque

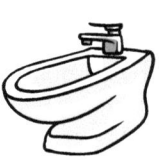

zuo yu qi

le bidet

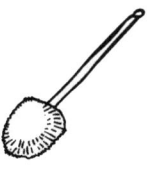

xiao bian chi

l'urinoir

ce zhi

le papier toilette

ma tong shua

la brosse à toilette

ya shua

la brosse à dents

ya gao

le dentifrice

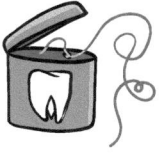

ya xian

le fil dentaire

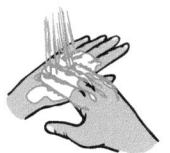

xi

laver

shou chi shi pen lin tou

la douche manuelle

chong xi qi

la douche intime

xi lian pen

la vasque

ca bei shua

la brosse dorsale

fei zao

le savon

mu yu lu

le gel douche

xi fa shui

le shampooing

fa lan rong

le gant de toilette

pai shui

l'écoulement

ru shuang

la crème

chu chou ji

le déodorant

jing zi

le miroir

shou jing

le miroir cosmétique

ti xu dao

le rasoir

ti xu pao mo

la mousse à raser

xu hou shui

l'après-rasage

shu zi

la peigne

shua zi

la brosse

chui feng ji

le sèche-cheveux

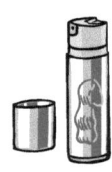

pen fa ding xing ji

la laque pour cheveux

hua zhuang pin

le fond de teint

chun gao

le rouge à lèvres

zhi jia you

le vernis à ongles

hua zhuang mian

l'ouate

zhi jia jian

le coupe-ongles

xiang shui

le parfum

xi shu bao

la trousse de toilette

deng zi

le tabouret

ji zhong cheng

le pèse-personne

yu pao

le peignoir

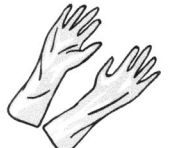

xiang jiao shou tao

les gants de nettoyage

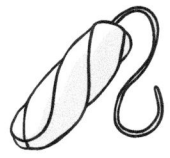

wei sheng mian tiao

le tampon

wei sheng jin

s serviettes hygiéniques

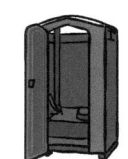

hua xue ce suo

la toilette chimique

# er tong fang
# la chambre d'enfant

nao zhong
le réveil
mao rong wan ju
le doudou
wan ju che
la voiture jouet
bo lang gu
le hochet
wan ju wu
la maison de poupée
li wu
le cadeau


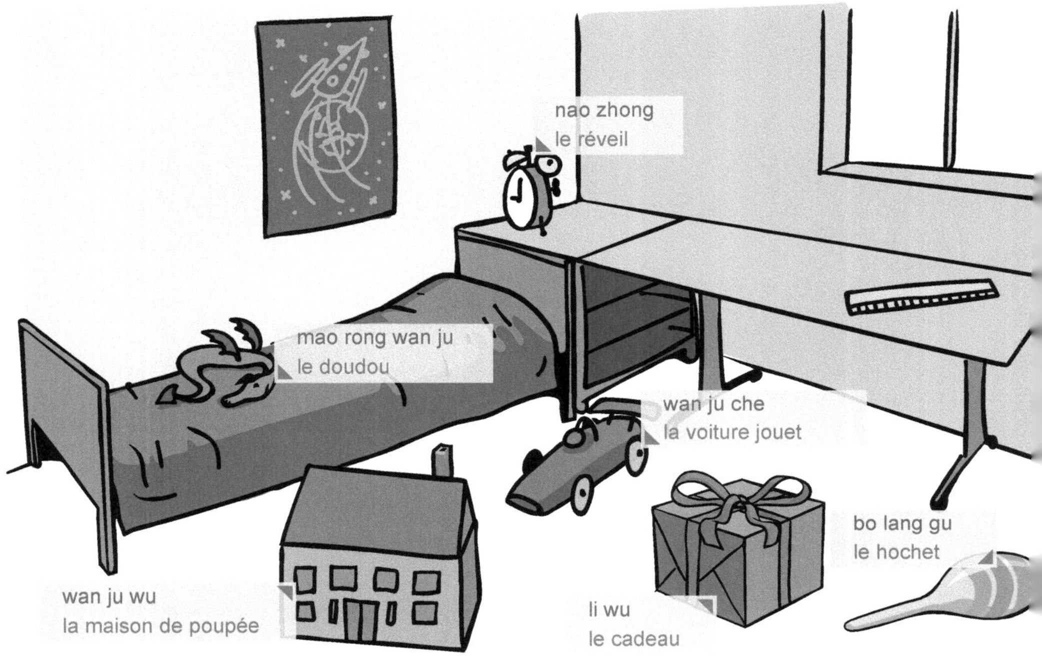

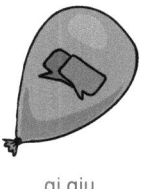

qi qiu

le ballon

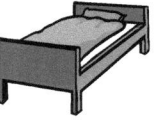

chuang

le lit

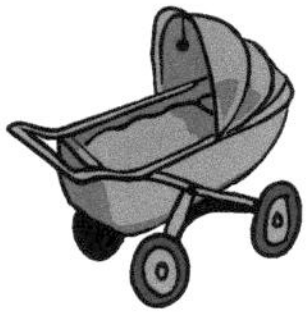

(yang wa wa yong)ying er che

la poussette

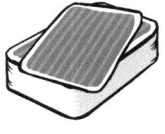

pu ke pai

le jeu de cartes

pin tu

le puzzle

SUPER MEGA


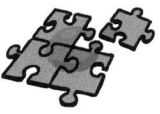

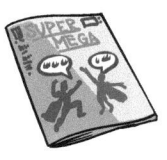

man hua

la bande dessinée

le gao ji mu

les pièces lego

ji mu wan ju

les blocs de construction

wan ju ren

la figurine

ying er fu

la grenouillère

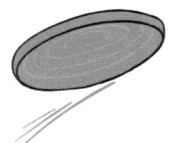

fei pan

le frisbee

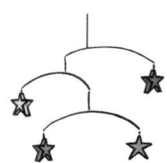

chuang ling wan ju

le mobile

qi pan you xi

le jeu de société

shai zi

le dé

huo che mo xing

le train miniature

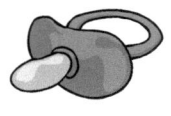

an fu nai zui

la sucette

ju hui

la fête

hui ben

le livre d'images

qiu

la balle

yang wa wa

la poupée

wan

jouer

sha keng

le bac à sable

qiu qian

la balançoire

wan ju

les jouets

you xi ji

la console de jeu

san lun che

le tricycle

tai di xiong

l'ours en peluche

yi chu

l'armoire

## yi fu
## les vêtements

wa zi

les chaussettes

chang wa

les bas

jin shen ku

le collant

wei jin
l'écharpe

yu san
le parapluie

pi dai
la ceinture

T xu
le t-shirt

yun cong xie
les baskets

xue zi
les bottes

tuo xie
les pantoufles

liang xie
les sandales

xie
les chaussures

yu xue
les bottes de caoutchouc

nei ku
les sous-vêtements

xiong zhao
le soutien-gorge

bei xin
le maillot de corps

yi fu - les vêtements

45

shen ti

le body

ku zi

le pantalon

niu zai ku

le jean

duan qun

la jupe

nü shi chen shan

le chemisier

chen shan

la chemise

tao tou shan

le pull

wei yi

le sweat à capuche

xi zhuang jia ke

la veste

jia ke

la veste

wai tao

le manteau

yu yi

l'imperméable

tao zhuang

le costume

lian yi qun

la robe

hun sha

la robe de mariée

xi zhuang

le costume

shui pao

la chemise de nuit

shui yi

le pyjama

sha li

le sari

tou jin

le foulard

bao tou jin

le turban

bo ka

la burqa

ka fu tan

le caftan

(a la bo shi)chang pao

l'abaya

yong yi

le maillot de bain

nan shi yong ku

le maillot de bain

duan ku

le short

yun dong fu

tenue d'entraînement

wei qun

le tablier

shou tao

les gants

niu kou

le bouton

yan jing

les lunettes

shou lian

le bracelet

xiang lian

le collier

jie zhi

la bague

er huan

la boucle d'oreille

bian mao

le bonnet

yi jia

le cintre

mao zi

le chapeau

ling dai

la cravate

la lian

la fermeture éclair

tou kui

le casque

bei dai

les bretelles

xiao fu

l'uniforme scolaire

zhi fu

l'uniforme

wei dou

le bavoir

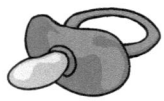

an fu nai zui

la sucette

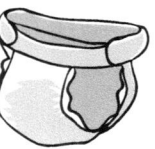

niao bu shi

la lange

# ban gong shi
# le bureau

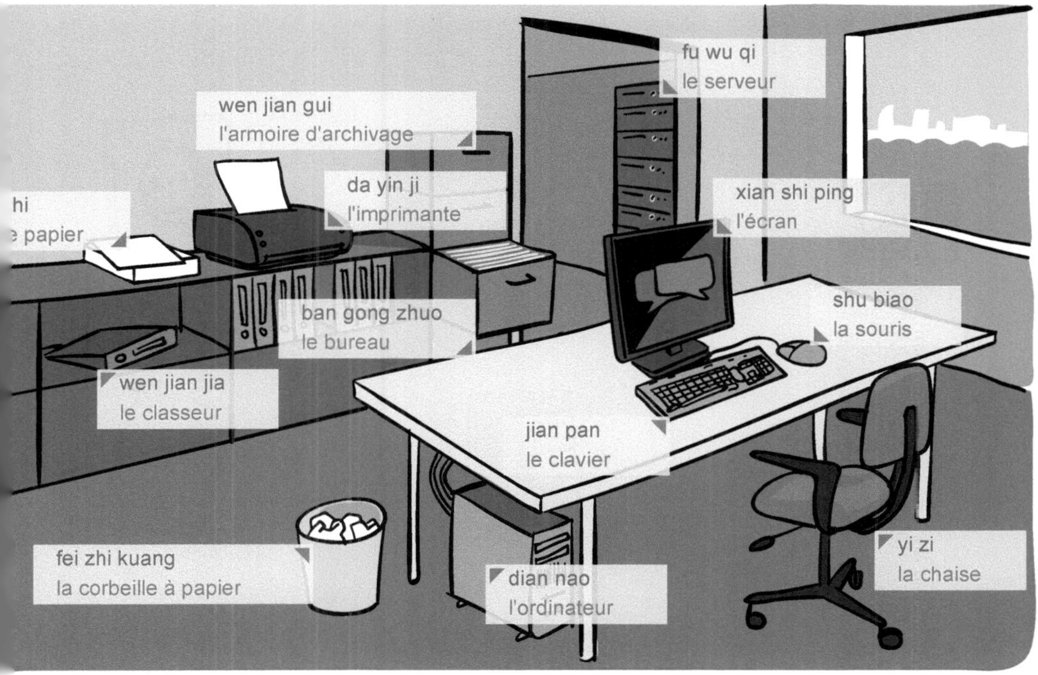

fu wu qi
le serveur

wen jian gui
l'armoire d'archivage

da yin ji
l'imprimante

xian shi ping
l'écran

hi
e papier

ban gong zhuo
le bureau

shu biao
la souris

wen jian jia
le classeur

jian pan
le clavier

fei zhi kuang
la corbeille à papier

dian nao
l'ordinateur

yi zi
la chaise

ka fei bei

la tasse de café

ji suan qi

la calculatrice

yin te wang

l'internet

bi ji ben dian nao

l'ordinateur portable

xin jian

la lettre

xiao xi

le message

shou ji

le portable

wang luo

le réseau

fu yin ji

la photocopieuse

ruan jian

le logiciel

dian hua

le téléphone

cha zuo

la prise

chuan zhen ji

le fax

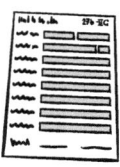

biao ge

le formulaire

wen jian

le document

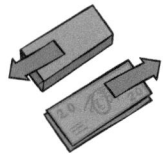

mai

acheter

fu qian

payer

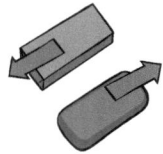

jiao yi

faire du commerce

xian jin

la monnaie

mei yuan

le dollar

ou yuan

l'euro

ri yuan

le yen

lu bu

le rouble

rui shi fa lang

le franc suisse

ren min bi

le renminbi yuan

lu bi

la roupie

ti kuan chu

le distributeur automatique

wai bi dui huan chu

le bureau de change

jin

l'or

yin

l'argent

shi you

le pétrole

neng yuan

l'énergie

jia ge

le prix

he tong

le contrat

shui jin

la taxe

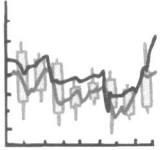

gu piao

l'action

gong zuo

travailler

zhi yuan

l'employé

lao ban

l'employeur

gong chang

l'usine

shang dian

le magasin

# zhi ye
# les professions

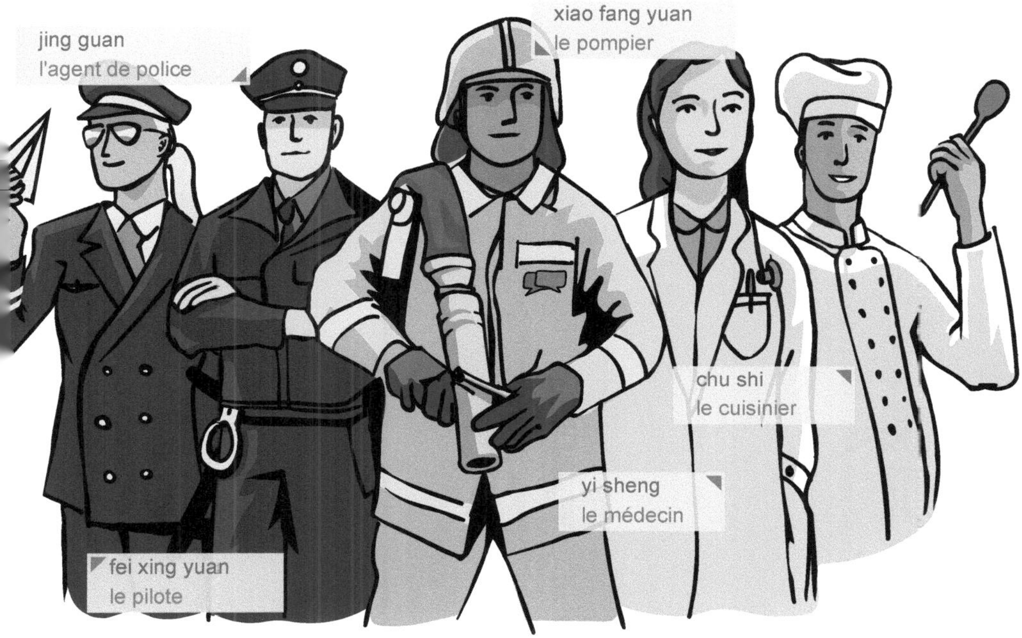
jing guan
l'agent de police
xiao fang yuan
le pompier
chu shi
le cuisinier
yi sheng
le médecin
fei xing yuan
le pilote

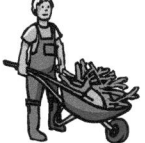

yuan ding

le jardinier

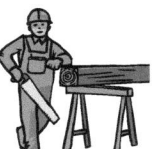

mu jiang

le menuisier

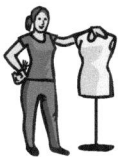

cai feng

la couturière

fa guan

le juge

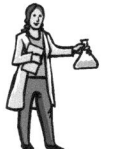

hua xue jia

le chimiste

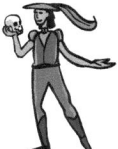

yan yuan

l'acteur

gong jiao che si ji

le conducteur de bus

chu zu che si ji

le chauffeur de taxi

yu fu

le pêcheur

qing jie nü gong

la femme de ménage

wu ding gong

le couvreur

fu wu yuan

le serveur

lie ren

le chasseur

hua jia

le peintre

mian bao shi

le boulanger

dian gong

l'électricien

jian zhu gong ren

l'ouvrier

gong cheng shi

l'ingénieur

tu fu

le boucher

shui guan gong

le plombier

you di yuan

le facteur

shi bing

le soldat

jian zhu shi

l'architecte

shou yin yuan

le caissier

hua nong

le fleuriste

li fa shi

le coiffeur

shou piao yuan

le contrôleur

ji xie shi

le mécanicien

chuan zhang

le capitaine

ya yi

le dentiste

ke xue jia

le scientifique

la bi

le rabbin

yi ma mu

l'imam

he shang

le moine

mu shi

le prêtre

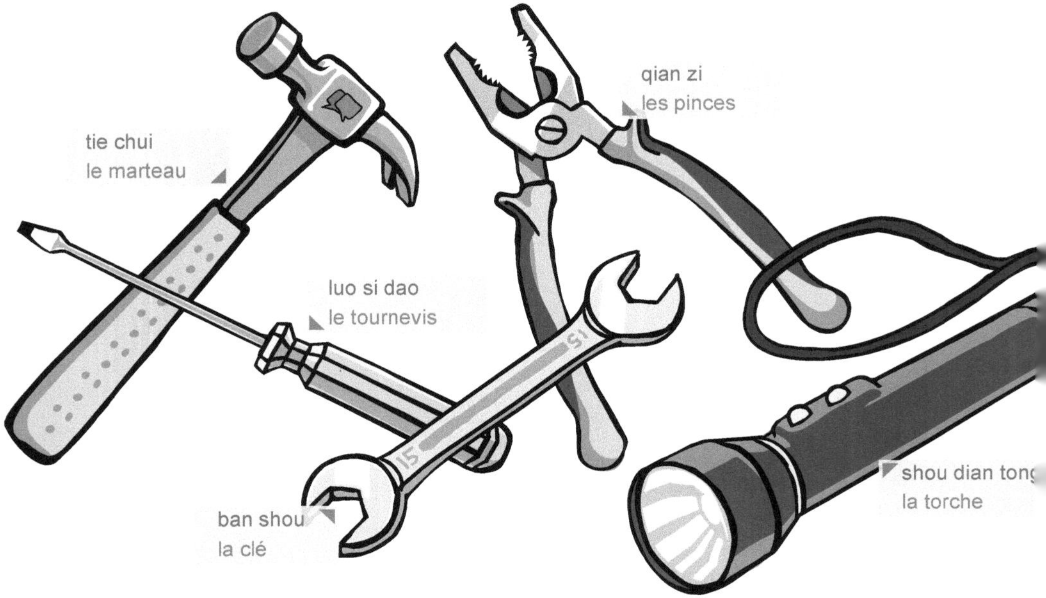

tie chui
le marteau

qian zi
les pinces

luo si dao
le tournevis

ban shou
la clé

shou dian tong
la torche

wa jue ji

la pelleteuse

gong ju xiang

la boîte à outils

ti zi

l'échelle

ju zi

la scie

ding zi

les clous

zuan ji

la perceuse

xiu

réparer

chan zi

la pelle

kao!

Mince !

bo ji

la pelle

you qi tong

le pot de peinture

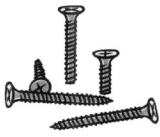

luo si

les vis

## yue qi

## les instruments de musique

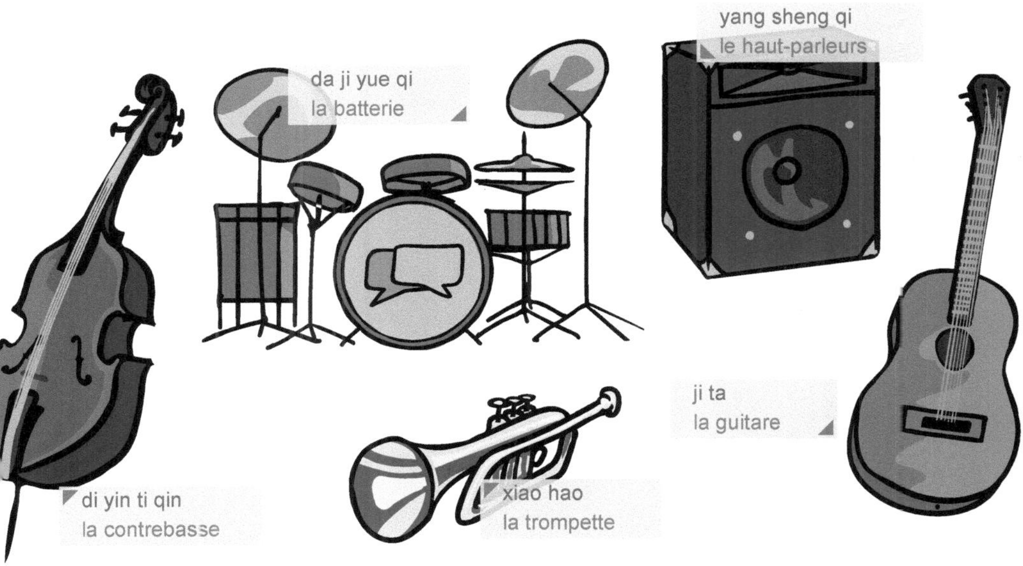

yang sheng qi
le haut-parleurs

da ji yue qi
la batterie

ji ta
la guitare

di yin ti qin
la contrebasse

xiao hao
la trompette

gang qin

le piano

xiao ti qin

le violon

bei si

la basse

ding yin gu

les timbales

gu

le tambour

dian zi qin

le piano électrique

sa ke si guan

le saxophone

chang di

la flûte

mai ke feng

le microphone

# dong wu yuan

## le zoo

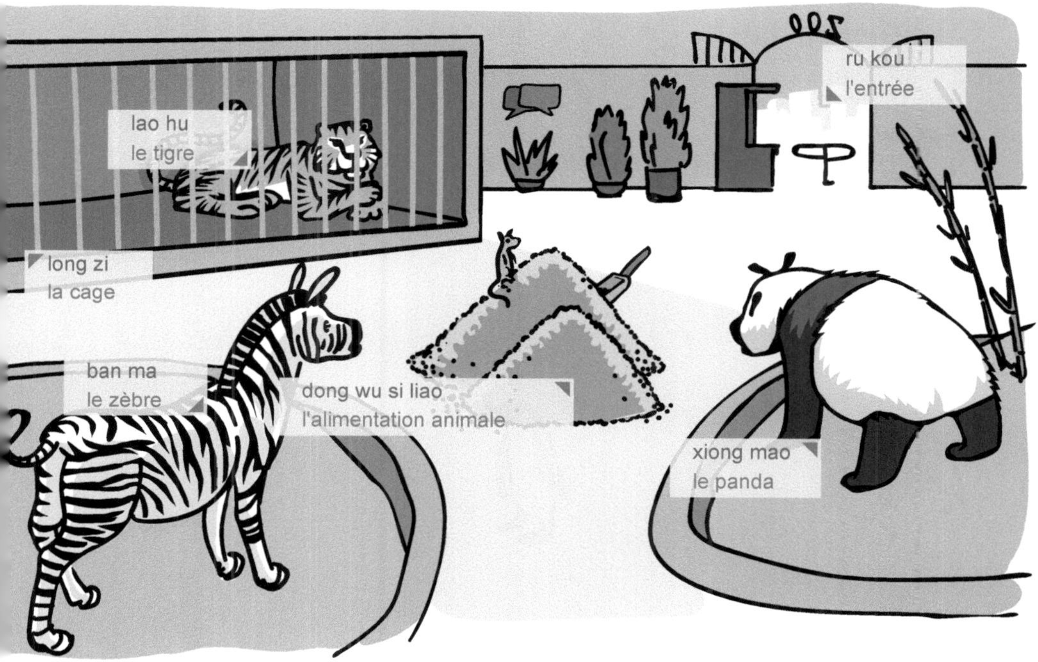
lao hu
le tigre
ru kou
l'entrée
long zi
la cage
ban ma
le zèbre
dong wu si liao
l'alimentation animale
xiong mao
le panda

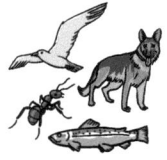

dong wu

les animaux

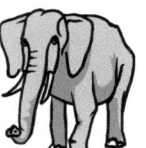

da xiang

l'éléphant

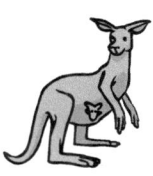

dai shu

le kangourou

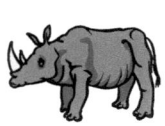

xi niu

le rhinocéros

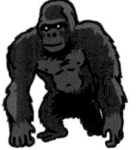

da xing xing

le gorille

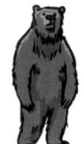

xiong

l'ours

luo tuo

le chameau

tuo niao

l'autruche

shi zi

le lion

hou zi

le singe

huo lie niao

le flamand rose

ying wu

le perroquet

bei ji xiong

l'ours polaire

qi e

le pingouin

sha yu

le requin

kong que

le paon

she

le serpent

e yu

le crocodile

dong wu yuan guan li yuan

le gardien de zoo

hai bao

le phoque

mei zhou bao

le jaguar

ai zhong ma

le poney

bao

le léopard

he ma

l'hippopotame

chang jing lu

la girafe

lao ying

l'aigle

ye zhu

le sanglier

yu

le poisson

gui

la tortue

hai xiang

le morse

hu li

le renard

ling yang

la gazelle

gan lan qiu
l'american Football

qi zi xing che
le cyclisme

wang qiu
le tennis

lan qiu
le basket-ball

you yong
la natation

bing qiu
le hockey sur glace

quan ji
la boxe

ying shi zu qiu
le football

yu mao qiu
le badminton

tian jing
l'athlétisme

shou qiu
le handball

hua xue
le ski

ma qiu
le polo

tiao
sauter

yong bao
embrasser

xiao
rire

zou lu
marcher

chang
chanter

zuo meng
rêver

qi dao
prier

qin wen
faire la bise

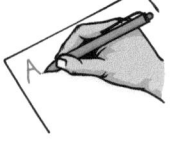

shu xie

écrire

hua

dessiner

zhan shi

montrer

tui

pousser

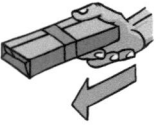

gei

donner

na

prendre

you

avoir

zuo

faire

dang

être

zhan

être debout

pao

courir

la

trier

reng

jeter

shuai dao

tomber

tang

être couché

deng dai

attendre

xie dai

porter

zuo

être assis

chuan yi

s'habiller

shui jiao

dormir

xing lai

se réveiller

kan

regarder

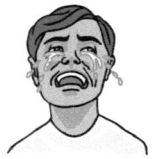

ku

pleurer

fu mo

caresser

shu tou

peigner

jiao tan

parler

ming bai

comprendre

wen

demander

ting

écouter

he

boire

chi

manger

qing li

ranger

ai

aimer

zuo fan

cuire

kai che

conduire

fei

voler

hang xing

faire de la voile

ji suan

calculer

du

lire

xue xi

apprendre

gong zuo

travailler

jie hun

se marier

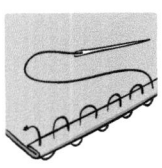

feng

coudre

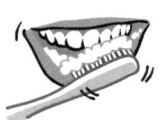

shua ya

brosser les dents

sha

tuer

chou yan

fumer

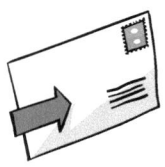

ji

envoyer

# jia
## la famille

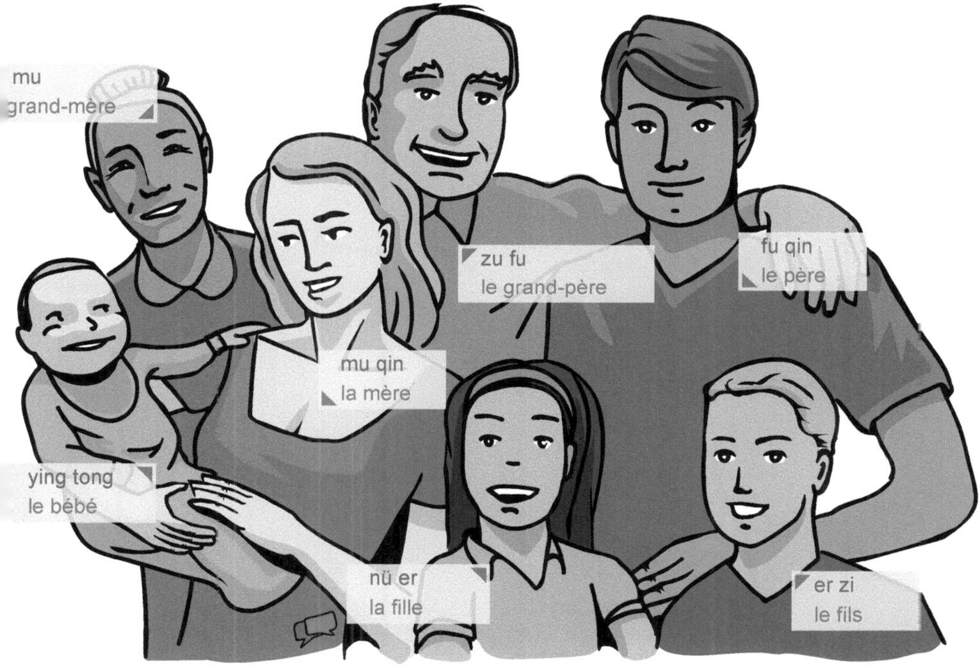
mu
grand-mère
zu fu
le grand-père
fu qin
le père
mu qin
la mère
ying tong
le bébé
nü er
la fille
er zi
le fils

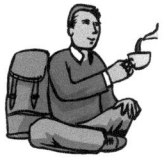

ke ren

l'hôte

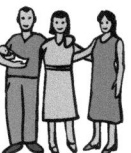

a yi

la tante

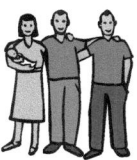

shu shu

l'oncle

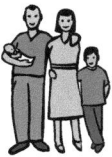

xiong di

le frère

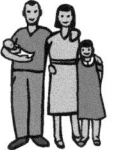

jie mei

la sœur

# shen ti
## le corps

qian e
le front
yan jing
l'œil
jian bang
l'épaule
shou zhi
le doigt
lian
le visage
xia ba
le menton
shou
la main
tui
la jambe
ru fang
la poitrine
shou bi
le bras

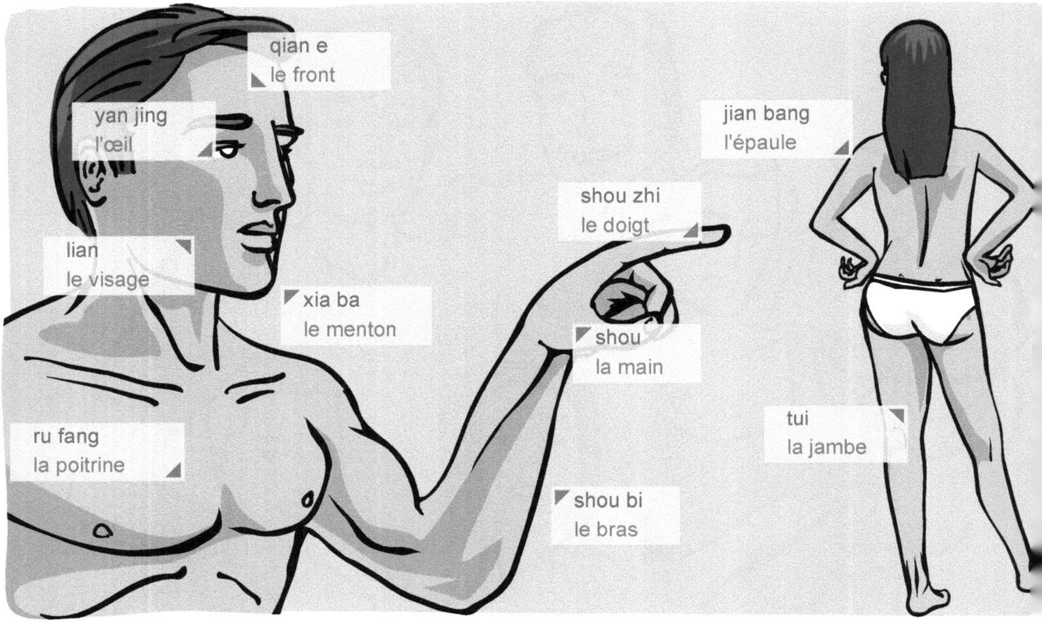

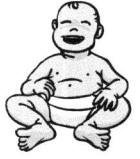

ying tong
le bébé

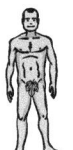

nan ren
l'homme

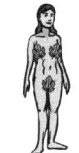

nü ren
la femme

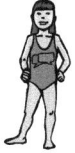

nü hai
la fille

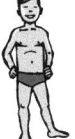

nan hai
le garçon

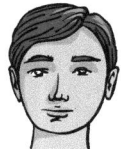

tou
la tête

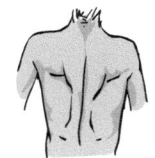

bei bu

le dos

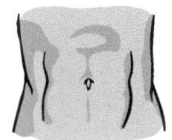

du zi

le ventre

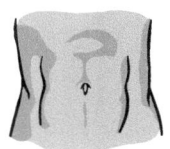

du qi

le nombril

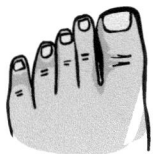

jiao zhi

l'orteil

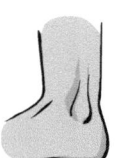

jiao hou gen

le talon

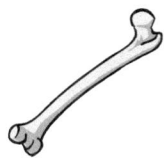

gu tou

l'os

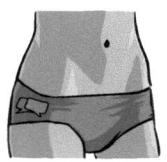

tun bu

la hanche

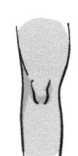

xi gai

le genou

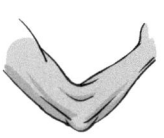

shou zhou

le coude

bi zi

le nez

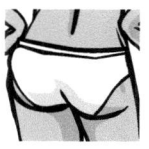

pi gu

les fesses

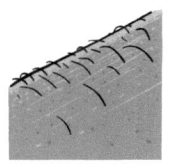

pi fu

la peau

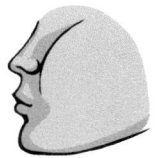

lian jia

la joue

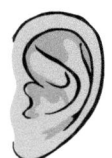

er duo

l'oreille

zui chun

la lèvre

shen ti - le corps

zui

la bouche

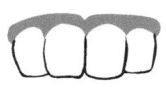

ya chi

la dent

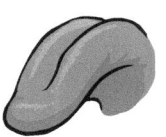

she tou

la langue

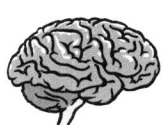

nao

le cerveau

xin zang

le cœur

ji rou

le muscle

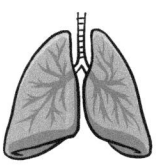

fei

les poumons

gan zang

le foie

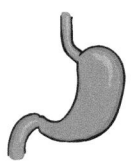

wei

l'estomac

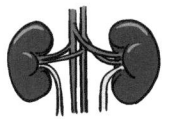

shen zang

les reins

xing jiao

le rapport sexuel

bi yun tao

le préservatif

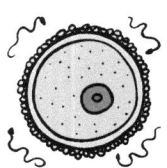

luan zi

l'ovule

jing zi

le sperme

huai yun

la grossesse

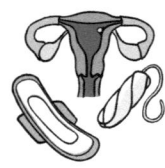

yue jing

la menstruation

yin dao

le vagin

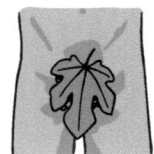

yin jing

le pénis

mei mao

le sourcil

tou fa

les cheveux

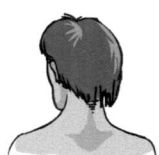

bo zi

le cou

# yi yuan
# l'hôpital

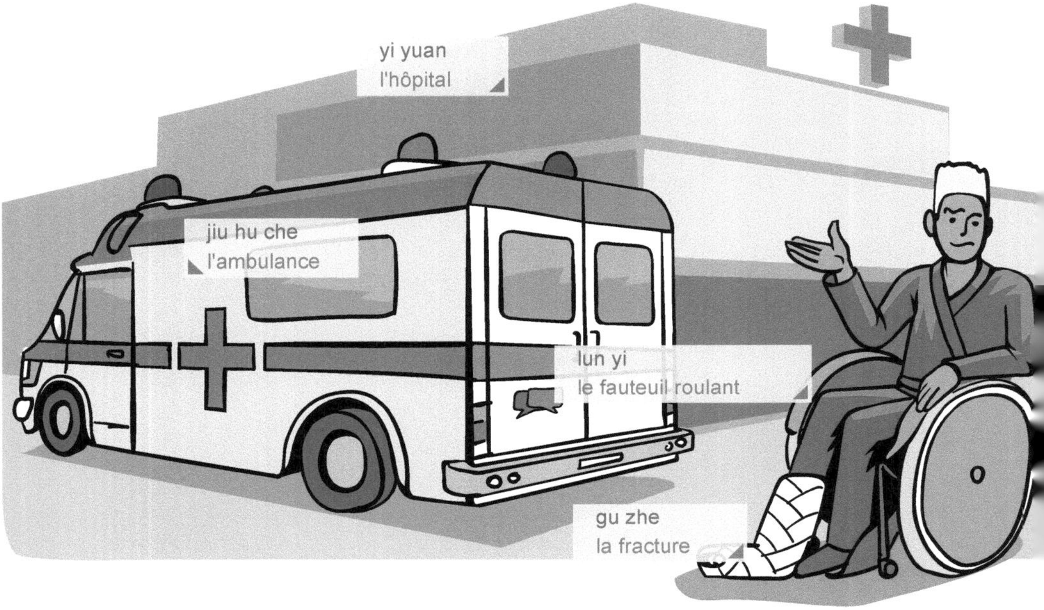

yi yuan
l'hôpital
jiu hu che
l'ambulance
lun yi
le fauteuil roulant
gu zhe
la fracture

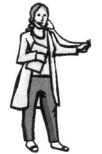

yi sheng

le médecin

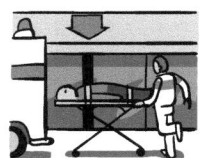

ji zhen shi

le service des urgences

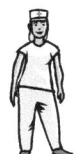

hu shi

l'infirmière

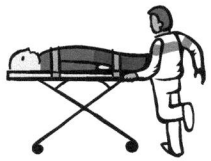

jin ji qing kuang

l'urgence

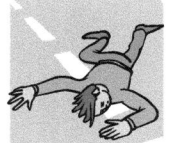

hun mi

inconscient

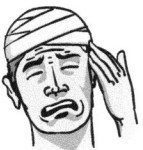

tong

la douleur

shou shang

la blessure

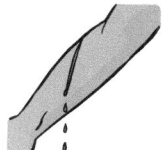

chu xue

l'hémorragie

xin zang bing fa zuo

la crise cardiaque

zhong feng

l'attaque cérébrale

guo min

l'allergie

ke sou

la toux

fa shao

la fièvre

liu gan

la grippe

fu xie

la diarrhée

tou tong

le mal de tête

ai zheng

le cancer

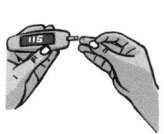

tang niao bing

le diabète

wai ke yi sheng

le chirurgien

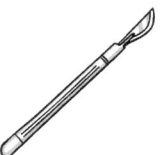

shou shu dao

le scalpel

shou shu

l'opération

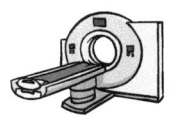

CT

le CT

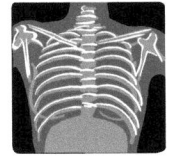

X guang

la radiographie

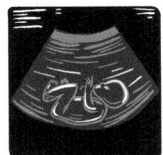

chao sheng bo

l'échographie

kou zhao

le masque

ji bing

la maladie

hou zhen shi

la salle d'attente

guai zhang

la béquille

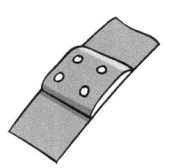

shi gao

le pansement

beng dai

le pansement

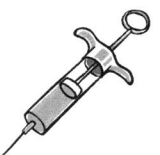

zhu she

l'injection

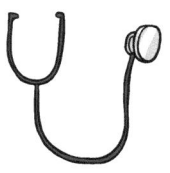

ting zhen qi

le stéthoscope

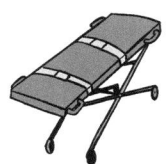

dan jia

le brancard

ti wen ji

le thermomètre

chu sheng

l'accouchement

chao zhong

la surcharge pondérale

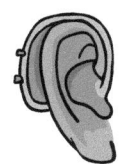

zhu ting qi

l'appareil auditif

xiao du ye

le désinfectant

gan ran

l'infection

bing du

le virus

ai zi bing

le VIH / le sida

yao wu

le médicament

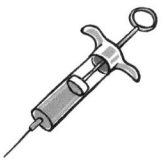

jie zhong yi miao

la vaccination

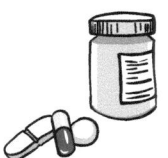

yao pian

les comprimés

yao wan

la pilule

ji jiu dian hua

l'appel d'urgence

xue ya ji

le tensiomètre

sheng bing/jian kang

malade / sain

jiu ming!

Au secours !

jing bao

l'alarme

tu ji

l'assaut

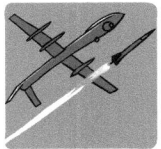

gong ji

l'attaque

wei xian

le danger

jin ji chu kou

la sortie de secours

zhao huo la!

Au feu!

mie huo qi

l'extincteur

yi wai

l'accident

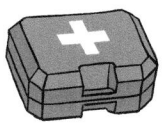

ji jiu xiang

la trousse de premier
secours

hu jiu xin hao

SOS

jing cha

la police

ou zhou

l'Europe

bei mei zhou

l'Amérique du Nord

nan mei zhou

l'Amérique du Sud

fei zhou

l'Afrique

ya zhou

l'Asie

ao zhou

l'Australie

da xi yang

l'Océan atlantique

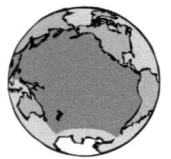

tai ping yang

l'Océan pacifique

yin du yang

l'Océan indien

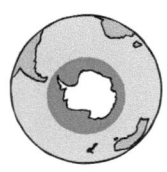

nan bing yang

l'Océan antarctique

bei bing yang

l'Océan arctique

bei ji

le Pôle nord

nan ji

le Pôle sud

nan ji zhou

l'Antarctique

di qiu

la terre

lu di

le pays

hai

la mer

dao

l'île

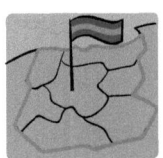

guo jia

la nation

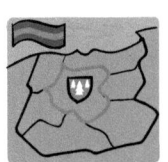

guo jia

l'état

zhong mian

le cadran

shi zhen

l'aiguille des heures

fen zhen

l'aiguille des minutes

miao zhen

'aiguille des secondes

xian zai ji dian?

Quelle heure est-il ?

tian

le jour

shi jian

le temps

xian zai

maintenant

dian zi biao

la montre digitale

fen

la minute

shi

l'heure

## la semaine

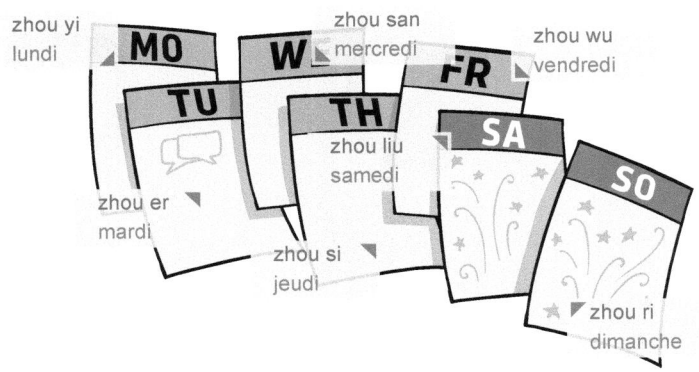

zhou yi
lundi

zhou san
mercredi

zhou wu
vendredi

zhou er
mardi

zhou liu
samedi

zhou si
jeudi

zhou ri
dimanche

zuo tian

hier

jin tian

aujourd'hui

ming tian

demain

zao chen

le matin

zhong wu

le midi

wan shang

le soir

| MO | TU | WE | TH | FR | SA | SU |
|----|----|----|----|----|----|----|
| 1 | 2 | 3 | 4 | 5 | 6 | 7 |
| 8 | 9 | 10 | 11 | 12 | 13 | 14 |
| 15 | 16 | 17 | 18 | 19 | 20 | 21 |
| 22 | 23 | 24 | 25 | 26 | 27 | 28 |
| 29 | 30 | 31 | 1 | 2 | 3 | 4 |

gong zuo ri

les jours ouvrables

| MO | TU | WE | TH | FR | SA | SU |
|----|----|----|----|----|----|----|
| 1 | 2 | 3 | 4 | 5 | 6 | 7 |
| 8 | 9 | 10 | 11 | 12 | 13 | 14 |
| 15 | 16 | 17 | 18 | 19 | 20 | 21 |
| 22 | 23 | 24 | 25 | 26 | 27 | 28 |
| 29 | 30 | 31 | 1 | 2 | 3 | 4 |

zhou mo

le week-end

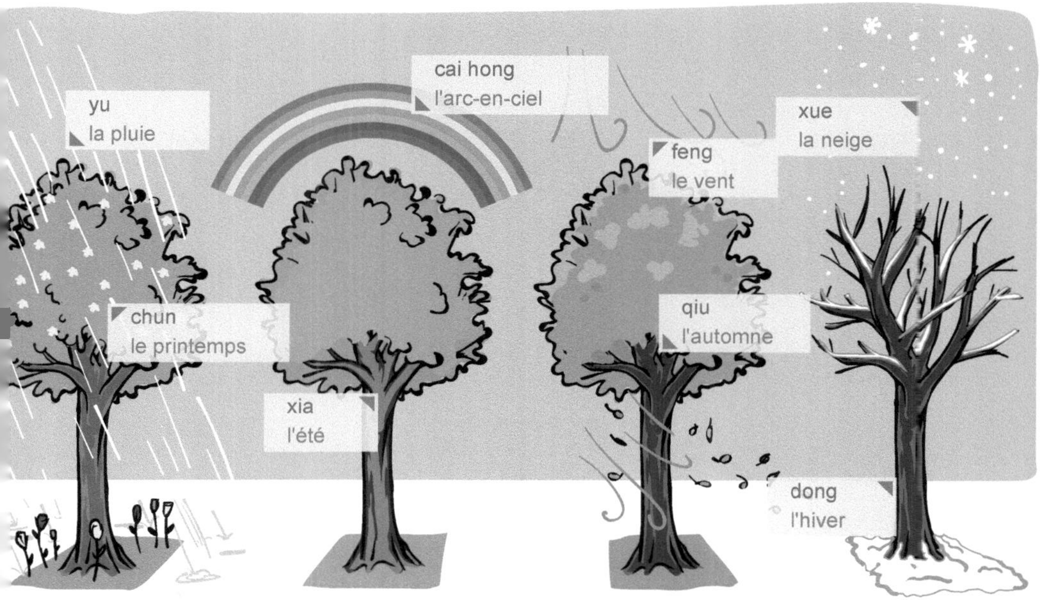

yu
la pluie
cai hong
l'arc-en-ciel
xue
la neige
feng
le vent
chun
le printemps
qiu
l'automne
xia
l'été
dong
l'hiver

4.APRIL 11°
5.APRIL 4°
6.APRIL 13°
7.APRIL 8°
8.APRIL 10°

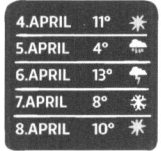

tian qi yu bao

la météo

F
C
120
90
60
30
0
-30
40
30
20
10
0
-10
-20

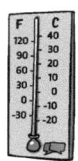

wen du ji

le thermomètre

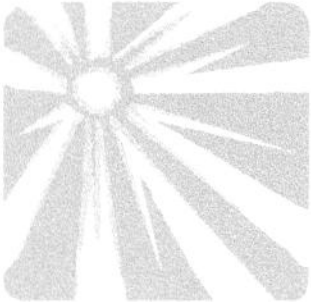

yang guang

la lumière du soleil

yun

le nuage

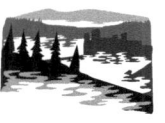

wu

le brouillard

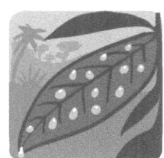

chao shi

l'humidité

shan dian

la foudre

da lei

la tonnerre

feng bao

la tempête

bing bao

la grêle

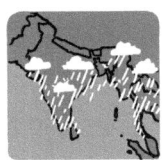

ji feng

la mousson

hong shui

l'inondation

bing

la glace

yi yue

janvier

er yue

février

san yue

mars

si yue

avril

wu yue

mai

liu yue

juin

qi yue

juillet

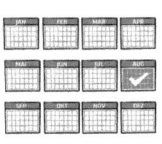

ba yue

août

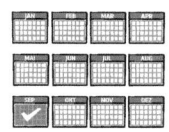

jiu yue

septembre

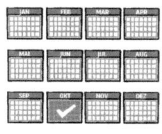

shi yue

octobre

shi yi yue

novembre

shi er yue

décembre

yuan xing

le cercle

zheng fang xing

le carré

chang fang xing

le rectangle

san jiao xing

le triangle

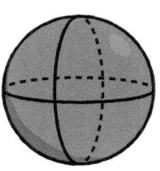

qiu ti

la sphère

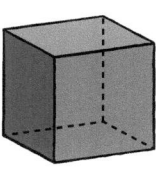

li fang ti

le cube

# les couleurs

bai

blanc

huang

jaune

cheng

orange

fen

rose

hong

rouge

zi

violet

lan

bleu

lü

vert

zong

marron

hui

gris

hei

noir

hen duo/shao xu

beaucoup / peu

sheng qi/ping jing

fâché / calme

mei/chou

joli / laid

shou/wei

le début / la fin

da/xiao

grand / petit

ming/an

clair / obscure

xiong di/jie mei

frère / soeur

gan jing/ang zang

propre / sale

wan zheng/que shi

complet / incomplet

bai tian/wan shang

le jour / la nuit

si/sheng

mort / vivant

kuan/zhai

large / étroit

ke shi yong/fei shi yong

comestible / incomestible

xie e/shan liang

méchant / gentil

xing fen/wu liao

excité / ennuyé

pang/shou

gros / mince

di yi/zui hou

le premier / le dernier

peng you/di ren

l'ami / l'ennemi

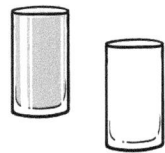

man/kong

plein / vide

ying/ruan

dur / souple

zhong/qing

lourd / léger

e/ke

faim / soif

sheng bing/jian kang

malade / sain

fei fa/he fa

illégal / légal

cong ming/yu ben

intelligent / stupide

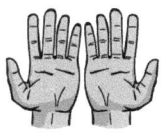

zuo/you

gauche / droite

jin/yuan

proche / loin

xin/jiu

nouveau / usé

mei you/you xie

rien / quelque chose

lao/you

vieux / jeune

kai/guan

marche / arrêt

da kai/he shang

ouvert / fermé

an jing/chao nao

faible / fort

fu/qiong

riche / pauvre

dui/cuo

correct / incorrect

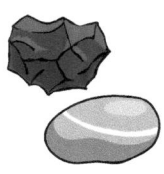

cu cao/guang hua

rugueux / lisse

shang xin/gao xing

triste / heureux

duan/chang

court / long

man/kuai

lent / rapide

shi/gan

mouillé / sec

wen nuan/liang shuang

chaud / froid

zhan zheng/he ping

la guerre / la paix

**0**

ling

zéro

**1**

yi

un / une

**2**

er

deux

**3**

san

trois

**4**

si

quatre

**5**

wu

cinq

**6**

liu

six

**7**

qi

sept

**8**

ba

huit

**9**

jiu

neuf

**10**

shi

dix

**11**

shi yi

onze

## 12
shi er

douze

## 13
shi san

treize

## 14
shi si

quatorze

## 15
shi wu

quinze

## 16
shi liu

seize

## 17
shi qi

dix-sept

## 18
shi ba

dix-huit

## 19
shi jiu

dix-neuf

## 20
er shi

vingt

## 100
bai

cent

## 1.000
qian

mille

## 1.000.000
bai wan

le million

ying yu

l'anglais

mei shi ying yu

l'anglais américain

pu tong hua

le chinois mandarin

yin di yu

le hindi

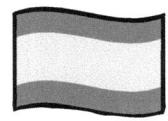

xi ban ya yu

l'espagnol

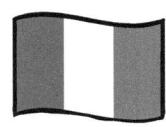

fa yu

le français

a la bo yu

l'arabe

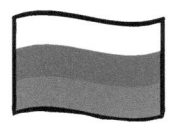

e yu

le russe

pu tao ya yu

le portugais

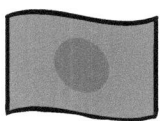

feng jia la yu

le bengali

de yu

l'allemand

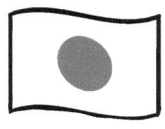

ri yu

le japonais

wo

je

ni

tu

ta/ta/ta

il / elle / ce, c', cela

wo men

nous

ni men

vous

ta men

ils / elles

shei?

Qui ?

shen me?

Quoi ?

zen yang?

Comment ?

na li?

Où ?

shen me shi hou?

Quand ?

ming zi

le nom

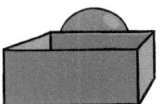

hou mian

derrière

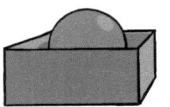

li mian

dans

qian mian

devant

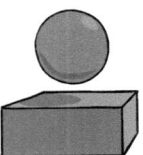

shang fang

au-dessus

shang mian

sur

xia mian

en-dessous

pang bian

à côté de

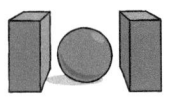

zhong jian

entre

di dian

le lieu